мәктәп - école	2
сәяхәт - voyage	5
транспорт - transport	8
шәһәр - ville	10
ландшафт - paysage	14
ресторан - restaurant	17
супермаркет - supermarché	20
эчемлекләр - boissons	22
азык - aliments	23
ферма - ferme	27
йорт - maison	31
кунак бүлмәсе - salle de séjour	33
аш бүлмәсе - cuisine	35
ванна бүлмәсе - salle de bains	38
балалар бүлмәсе - chambre d'enfant	42
кием - vêtements	44
офис - bureau	49
икътисад - économie	51
профессияләр - professions	53
кораллар - outils	56
музыкаль инструментлар - instruments de musique	57
зоопарк - zoo	59
спорт төрләре - sports	62
хәрәкәт - activités	63
гаилә - famille	67
тән - corps	68
хастаханә - hôpital	72
кичектергесез хәл - urgence	76
җир - Terre	77
сәгать - heure	79
атна - semaine	80
ел - année	81
формалар - formes	83
төсләр - couleurs	84
капма-каршылыклар - opposés	85
саннар - nombres	88
телләр - langues	90
кем / нәрсә / ничек - qui / quoi / comment	91
кайда - où	92

Impressum
Verlag: BABADADA GmbH, Nedderfeld 112 , 22529 Hamburg
Geschäftsführer / Verlagsleitung: Harald Hof
Druck: Books on Demand GmbH, In de Tarpen 42, 22848 Norderstedt

Imprint
Publisher: BABADADA GmbH, Nedderfeld 112 , 22529 Hamburg, Germany
Managing Director / Publishing direction: Harald Hof
Print: Books on Demand GmbH, In de Tarpen 42, 22848 Norderstedt

мәктәп
école

- бүлү / diviser
- такта / tableau
- сыйныф бүлмәсе / salle de classe
- мәктәп ишегалдысы / cour d'école
- укытучы / enseignant
- кәгазь / papier
- язу / écrire
- ручка / stylo
- язу өстәле / bureau de travail
- линейка / règle
- китап / livre
- укучы / écolier

букча
sac d'écolier

пенал
trousse

каләм
crayon

каләм очлагыч
taille-crayon

бетергеч
gomme à effacer

рәсем ясау өчен альбом
bloc de papier à dessin

рәсем
dessin

кисточка
pinceau

буяулар тартмасы
boîte de peintures

кайчы
ciseaux

жилем
colle

дәфтәр
cahier d'exercices

өйгә эш
devoirs

сан
chiffre

2+2

кушу
additionner

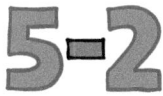

алу
soustraire

тапкырлау
multiplier

исәпләү
calculer

хәреф
lettre

ABCDEFG
HIJKLMN
OPQRSTU
VWXYZ

алфавит
alphabet

сүз
mot

мәктәп - école

текст
texte

уку
lire

акбур
craie

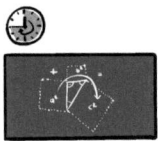
дәрес
leçon

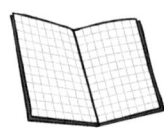
сыйныф журналы
le cahier de notes

имтихан
examen

диплом
certificat

мәктәп формасы
uniforme scolaire

мәгариф
éducation

энциклопедия
encyclopédie

университет
université

микроскоп
microscope

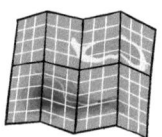
карта
carte

кәгазь өчен кәрҗин
corbeille à papier

мәктәп - école

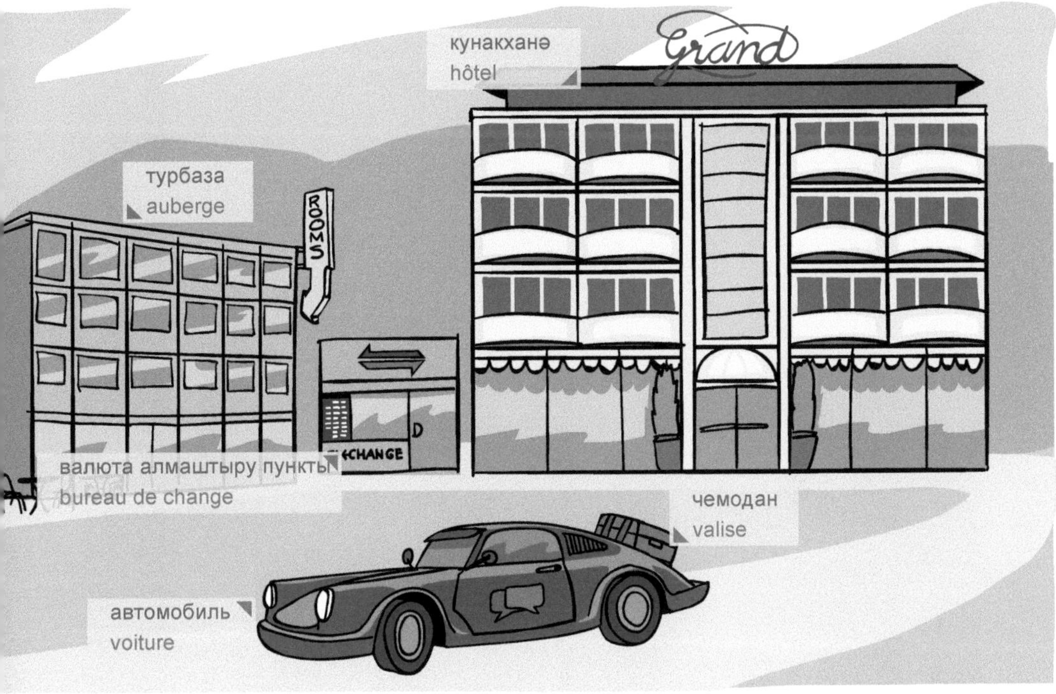

сәяхәт
voyage

кунакханә
hôtel

турбаза
auberge

валюта алмаштыру пункты
bureau de change

чемодан
valise

автомобиль
voiture

тел

langue

әйе / юк

oui / non

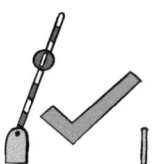

яхшы

Okay

сәлам

Allo!

тәрҗемәче

traducteur

Рәхмәт

Merci

сәяхәт - voyage

Күпме тора...?
Combien coûte...?

Мин аңламыйм
Je ne comprends pas

проблема
problème

Хәерле кич!
Bonsoir !

Хәерле иртә!
Bonjour !

Тыныч йокы!
Bonne nuit !

хушыгыз
bye bye

юнәлеш
direction

багаж
bagages

букча
sac

рюкзак
sac à dos

кунак
invité

бүлмә
pièce

йоклар өчен капчык
sac de couchage

палатка
tente

сәяхәт - voyage

туристик мәгълүмат

bureau d'information touristique

пляж

plage

кредит картасы

carte de crédit

иртәнге аш

déjeuner

төш

dîner

кичке аш

souper

билет

billet

лифт

ascenceur

почта маркасы

timbre

чик

frontière

таможня

douane

илчелек

ambassade

виза

visa

паспорт

passeport

сәяхәт - voyage

транспорт
transport

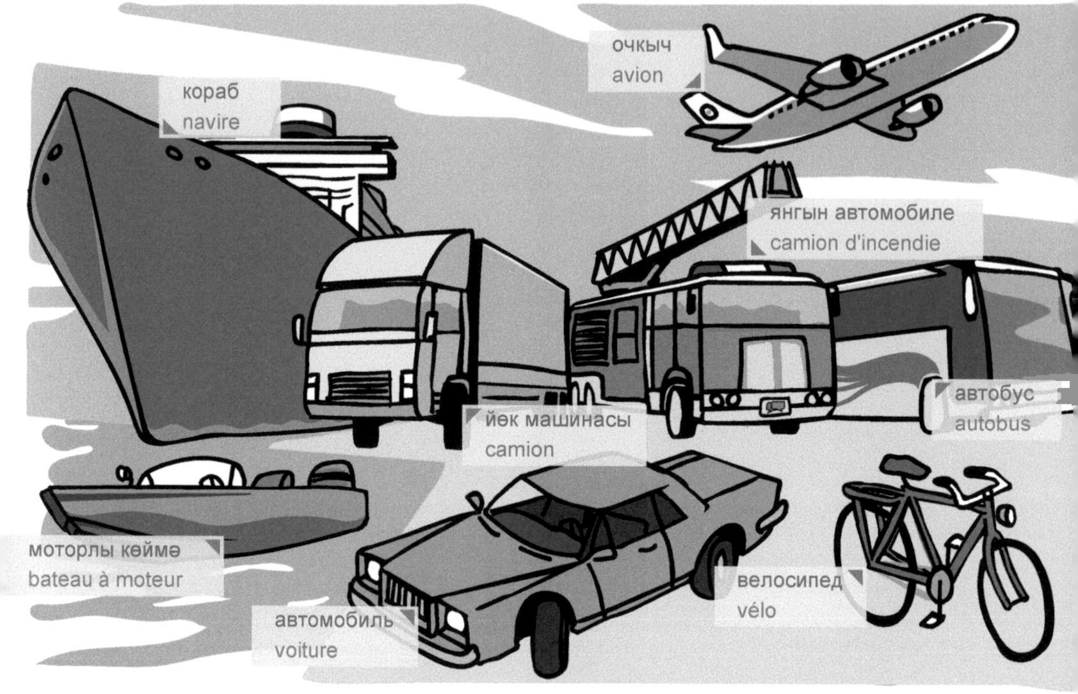

паром

traversier

көймә

bateau

мотоцикл

motocyclette

полиция автомобиле

voiture de police

узыш автомобиле

voiture de course

вакытлыча алып торган автомобиль

voiture de location

Автомобильләр белән
уртак файдалану
autopartage

буксирлау автомобиле
dépanneuse

чүп ташучы
camion à ordures

двигатель
moteur

ягулык
carburant

заправка
station-service

юл билгесе
panneau de signalisation

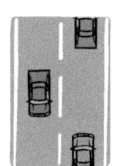

хәрәкәт
circulation

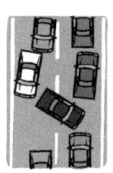

бөке
embouteillage

автомобиль тукталышы
parc de stationnement

вокзал
gare

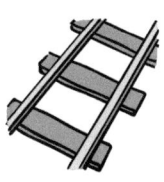

рельслар
voies ferrées

поезд
train

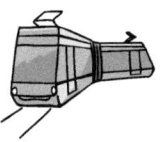

трамвай
tramway

вагон
wagon

транспорт - transport

вертолет
hélicoptère

аэропорт
aéroport

каланча
tour

юлчы
passager

контейнер
conteneur

тартма
boîte en carton

арба
chariot

кәрзинкә
panier

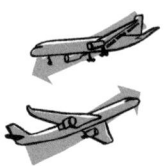
очу / җиргә төшү
décoller / atterrir

шәһәр
ville

авыл
village

шәһәр үзәге
centre-ville

йорт
maison

10 шәһәр - ville

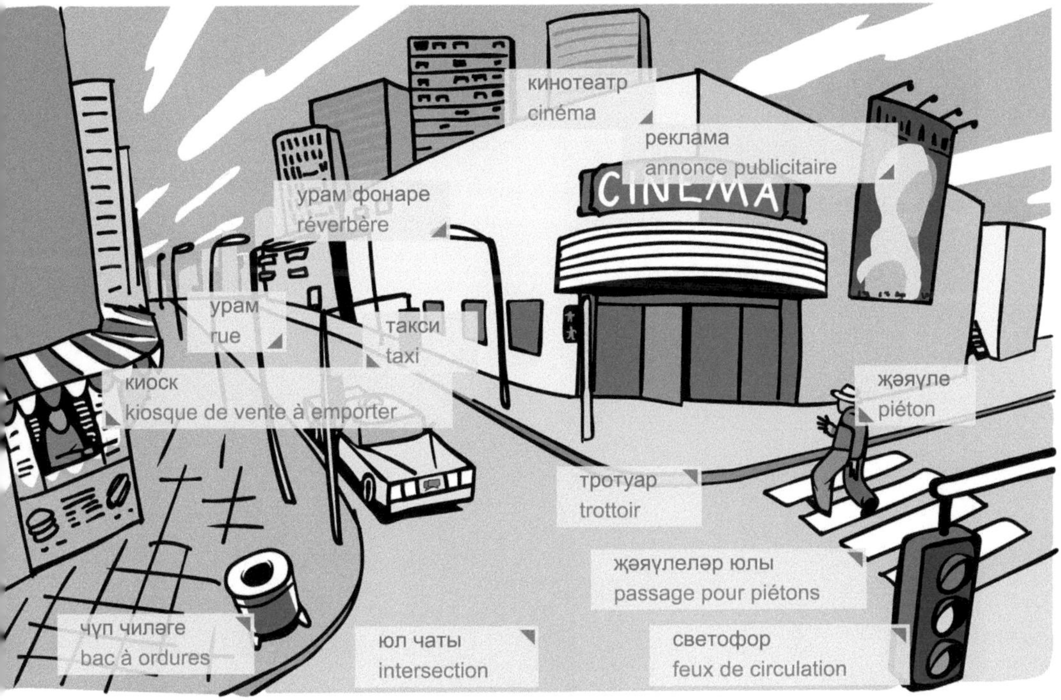

кинотеатр
cinéma

реклама
annonce publicitaire

урам фонаре
réverbère

урам
rue

такси
taxi

киоск
kiosque de vente à emporter

җәяүле
piéton

тротуар
trottoir

җәяүләр юлы
passage pour piétons

чүп чиләге
bac à ordures

юл чаты
intersection

светофор
feux de circulation

алачык
cabane

фатир
appartement

вокзал
gare

ратуша
hôtel de ville

музей
musée

мәктәп
école

шәһәр - ville

университет
université

банк
banque

хастаханә
hôpital

кунакханә
hôtel

даруханә
pharmacie

офис
bureau

китап кибете
librairie

кибет
magasin

чәчәк кибете
fleuriste

супермаркет
supermarché

базар
marché

универмаг
grand magasin

балык кибете
poissonnerie

сәүдә үзәге
centre commercial

порт
port

шәһәр - ville

парк

parc

эскәмия

banc

күпер

pont

баскыч

escaliers

метро

métro

тоннель

tunnel

автобус тукталышы

arrêt d'autobus

бар

bar

ресторан

restaurant

почта тартмасы

boîte à lettres

урам исеме язылган такта

plaque de rue

паркометр

parcomètre

зоопарк

zoo

бассейн

bains publics

мәчет

mosquée

шәһәр - ville

ферма
ferme

әйләнә-тирә мохитне пычрату
pollution

зират
cimetière

чиркәү
église

балалар мәйданчыгы
aire de jeux

гыйбадәтханә
temple

ландшафт
paysage

бит / feuille

юл күрсәткече / panneau indicateur

юл / chemin

болын / pré

таш / pierre

агач / arbre

сәяхәтче / randonneur

елга / rivière

үлән / herbe

чәчәк / fleur

үзән vallée	тау colline	күл lac
	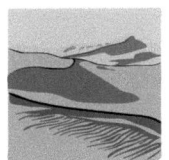	
урман forêt	чүл désert	вулкан volcan

йозак château	салават күпере arc-en-ciel	гөмбә champignon

пальма palmier	черки moustique	чебен mouche

кырмыска fourmi	корт abeille	үрмәкүч araignée

ландшафт - paysage

коңгыз
scarabée

бака
grenouille

тиен
écureuil

керпе
hérisson

куян
lièvre

ябалак
chouette

кош
oiseau

аккош
cygne

кабан дуңгызы
sanglier

болан
cerf

поши
orignal

буа
barrage

җил генераторы
éolienne

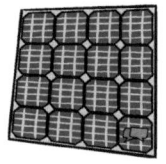
кояш батареясы
panneau solaire

климат
climat

ландшафт - paysage

ресторан
restaurant

официант / serveur
меню / menu
утыргыч / chaise
аш / soupe
пицца / pizza
ашханә приборлары / coutellerie
ашъяулык / nappe

кабымлык
hors-d'œuvre

төп ашамлык
plat principal

десерт
dessert

эчемлекләр
boissons

азык
aliments

шешә
bouteille

ресторан - restaurant

фастфуд
restauration rapide

урам ризыгы
cuisine de rue

чәйнек
théière

шикәр савыты
sucrier

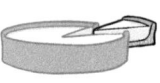
күләм
part

кофе кайнаткыч
machine à expresso

балалар урындыгы
chaise haute d'enfant

исәпләү
facture

поднос
plateau

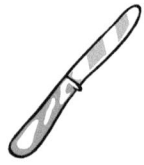
пычак
couteau

чәнечке
fourchette

кашык
cuillère

чәй кашыгы
cuillère à thé

салфетка
serviette

стакан
verre

ресторан - restaurant

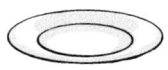

тәлинкә
assiette

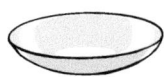

аш тәлинкәсе
assiette creuse

чәй тәлинкәсе
soucoupe

соус
sauce

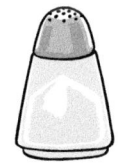

тоз савыты
salière

борыч ваклагыч
moulin à poivre

серкә
vinaigre

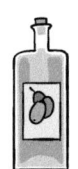

сыек май
huile

тәмләткеч
épices

кетчуп
ketchup

горчица
moutarde

майонез
mayonnaise

ресторан - restaurant

супермаркет

supermarché

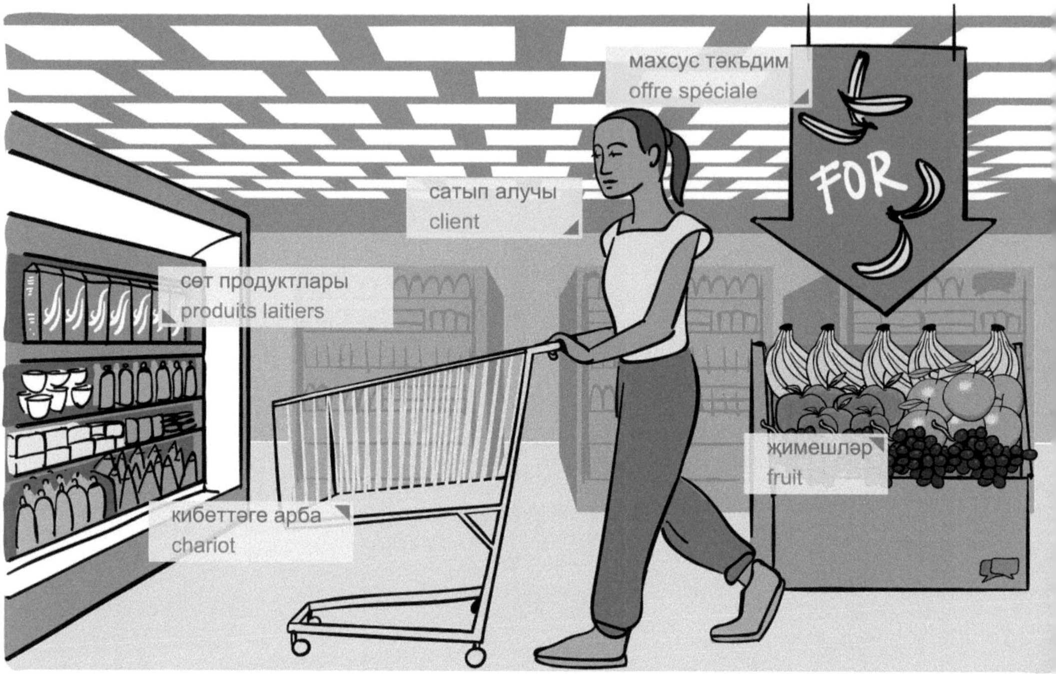

махсус тәкъдим
offre spéciale
FOR
сатып алучы
client
сөт продуктлары
produits laitiers
җимешләр
fruit
кибеттәге арба
chariot

BUTCHERS

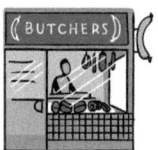

ит кибете

boucherie

BAKERY

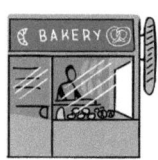

икмәк пешерү йорты

boulangerie

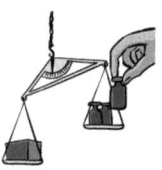

килү

peser

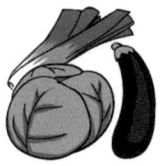

яшелчә

légumes

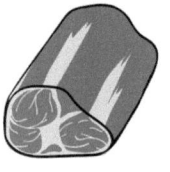

ит

viande

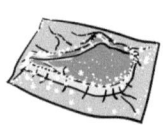

туңдырылган продуктлар

aliments congelés

кисәкле ит
viandes froides

консервалар
conserves

кер юу порошогы
détergent à lessive en poudre

тәм-томнар
sucreries

көнкүреш җиһазлары
produits d'entretien ménager

юу әйбере
produits d'entretien

хатын-кыз сатучы
vendeuse

касса
caisse

кассир
caissier

атып алган әйберләрнең исемлеге
liste de provisions

эш вакыты
heures d'ouverture

бумажник
portefeuille

кредит картасы
carte de crédit

букча
sac

полиэтилен пакет
sac plastique

супермаркет - supermarché

эчемлекләр
boissons

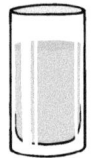
су
eau

сок
jus

сөт
lait

кока-кола
cola

шәраб
vin

сыра
bière

хәмер
alcool

какао
cacao

чәй
thé

кофе
café

эспрессо
expresso

капучино
cappuccino

азык
aliments

банан
banane

алма
pomme

әфлисун
orange

карбыз
melon d'eau

лимон
citron

кишер
carotte

сарымсак
ail

бамбук
bambou

суган
oignon

гөмбә
champignon

чикләвекләр
noix

токмач
nouilles

спагетти	дөге	салат
spaghettis	riz	salade

чипсы	кыздырылган бәрәңге	пицца
frites	pommes de terre sautées	pizza

гамбургер	сэндвич	котлет
hamburger	sandwich	escalope

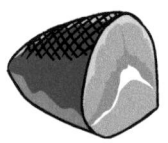

ветчина	салями	сосиска
jambon	salami	saucisse

тавык	кыздырма	балык
poulet	rôti	poisson

азык - aliments

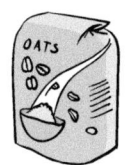

солы кисәкләре
gruau d'avoine

мюсли
muesli

кукуруз кисәкләре
flocons de maïs

он
farine

круассан
croissant

булка
petit pain

икмәк
pain

тост
rôtie

печенье
biscuits

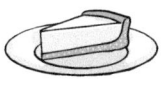

май
beurre

эремчек
caillé

пирог
gâteau

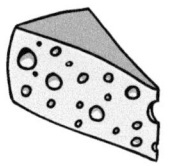

йомырка
œuf

йомырка тәбәсе
œuf miroir

сыр
fromage

азык - aliments

туңдырма	шикәр	бал
crème glacée	sucre	miel

кайнатма	шоколадлы паста	карри
confiture	crème de nougat	cari

азык - aliments

ферма
ferme

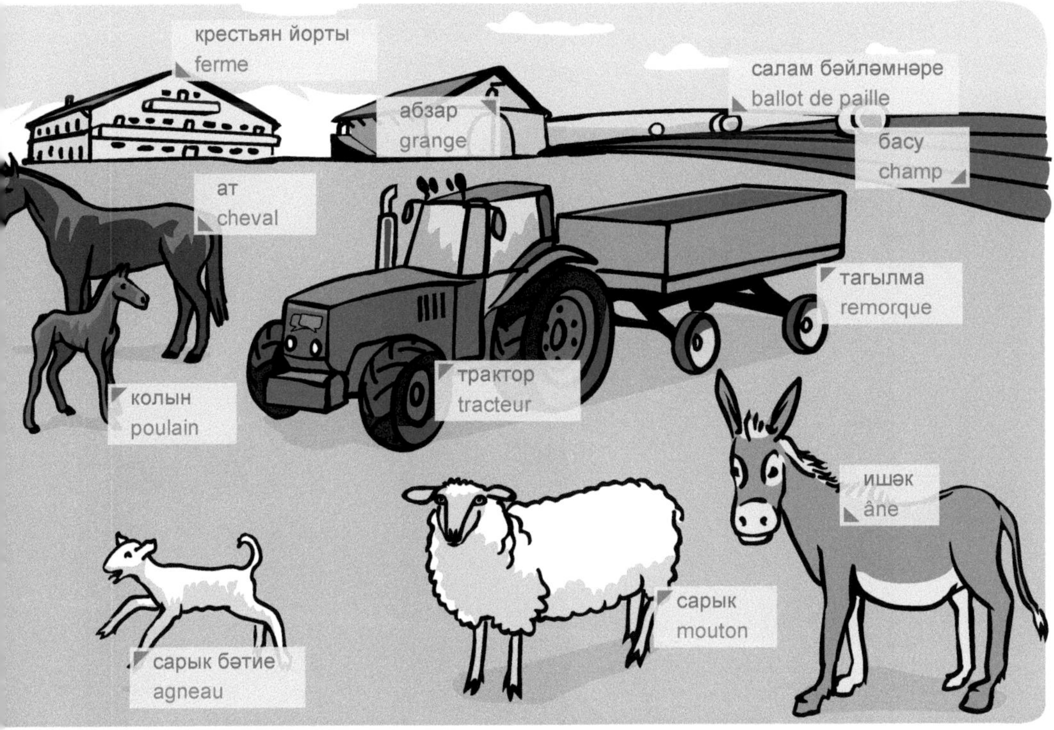

крестьян йорты
ferme

салам бәйләмнәре
ballot de paille

абзар
grange

басу
champ

ат
cheval

тагылма
remorque

колын
poulain

трактор
tracteur

ишәк
âne

сарык
mouton

сарык бәтие
agneau

кәҗә

chèvre

сыер

vache

бозау

veau

дуңгыз

porc

дуңгыз баласы

porcelet

үгез

taureau

каз
oie

үрдәк
canard

чеби
poussin

тавык
poule

әтәч
coq

күсе
rat

песи
chat

тычкан
souris

эш үгезе
bœuf

эт
chien

эт оясы
niche

бакча шлангысы
tuyau d'arrosage

сусипкеч
arrosoir

чалгы
FALSE

сабан
charrue

ферма - ferme

урак
faucille

китмән
binette

тирес сәнәге
fourche à foin

балта
hache

кул арбасы
brouette

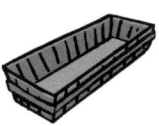

тагарак
auge

сөт өчен бидон
pot à lait

капчык
grand sac

койма
clôture

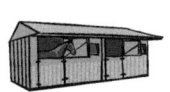

абзар
écurie

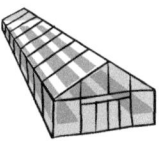

теплица
serre

туфрак
sol

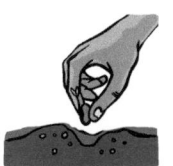

чәчү
graines

ашлама
engrais

комбайн
moissonneuse-batteuse

уңыш җыю

récolter

уңыш

récolte

ямса

igname

бодай

blé

соя

soja

бәрәңге

pomme de terre

кукуруз

maïs

рапс

graine de colza

җимеш агачы

arbre fruitier

маниок

manioc

иген

grains

ферма - ferme

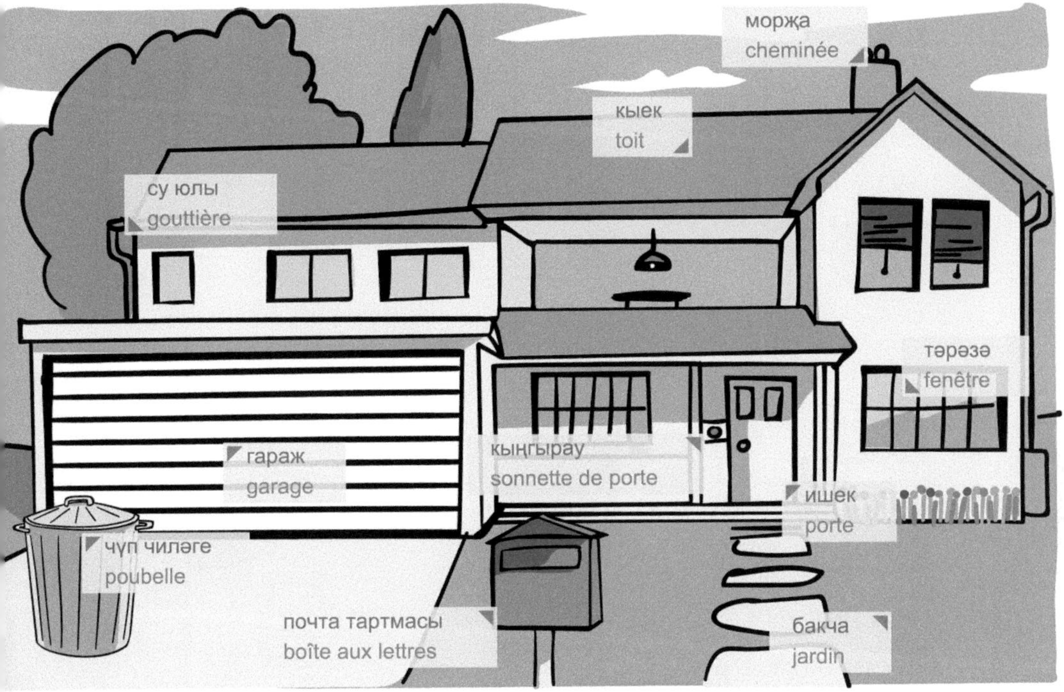

йорт
maison

морҗа / cheminée
кыек / toit
су юлы / gouttière
тәрәзә / fenêtre
гараж / garage
кыңгырау / sonnette de porte
ишек / porte
чүп чиләге / poubelle
почта тартмасы / boîte aux lettres
бакча / jardin

кунак бүлмәсе

salle de séjour

ванна бүлмәсе

salle de bains

аш бүлмәсе

cuisine

йокы бүлмәсе

chambre à coucher

балалар бүлмәсе

chambre d'enfant

ашханә

salle à manger

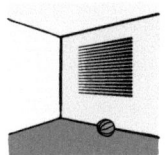

идән
plancher

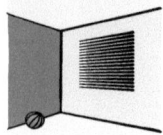

диварь
mur

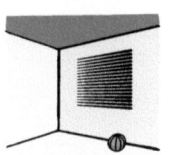

түшәм
plafond

баз
cellier

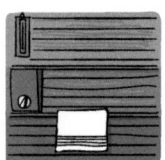

сауна
sauna

балкон
balcon

терраса
terrasse

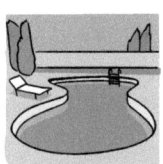

бассейн
piscine

газон чапкыч
tondeuse à gazon

юрган аслыгы
drap

япма
jeté de lit

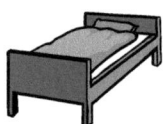

каравать
lit

себерке
balai

чиләк
seau

сүндергеч
interrupteur

йорт - maison

кунак бүлмәсе
salle de séjour

- рәсем / tableau
- обойлар / papier peint
- лампа / lampe
- киштә / étagère
- шкаф / armoire
- камин / foyer
- телевизор / télévision
- мендәр / coussin
- чәчәк / fleur
- диван / sofa
- ваза / vase
- дистанцион идарә итү пульты / télécommande

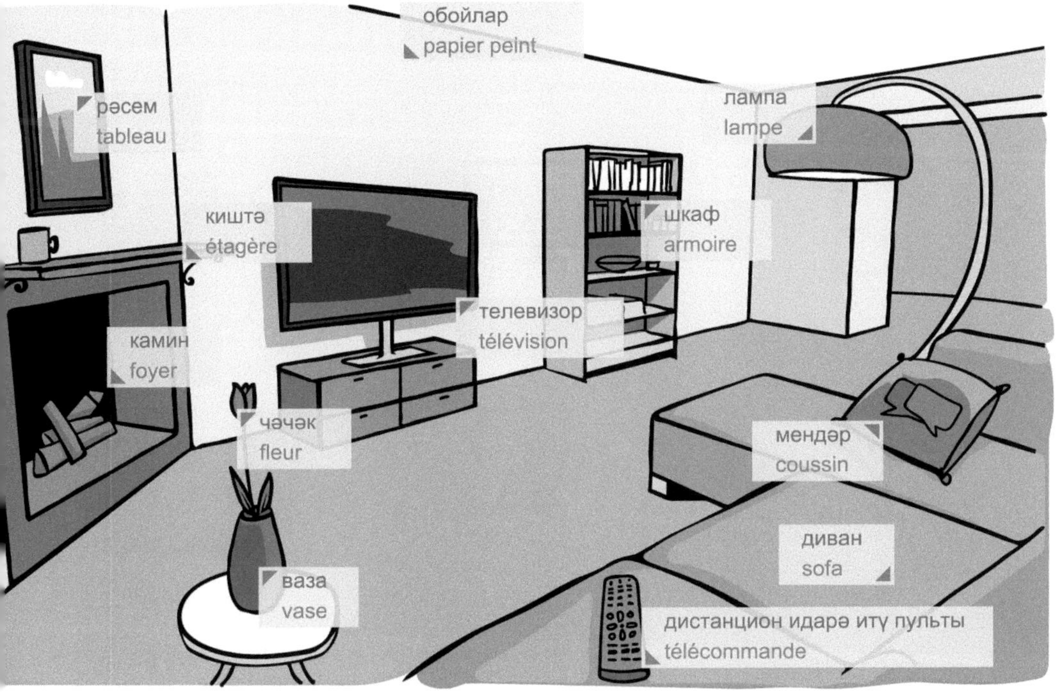

келәм

tapis

пәрдә

rideau

өстәл

table

утыргыч

chaise

тибрәткеч кәнәфи

berceuse

кәнәфи

fauteuil

кунак бүлмәсе - salle de séjour

китап
livre

япма
couverte

бизәк
décoration

утын
bois de chauffage

фильм
film

стереосистема
chaîne hi-fi

ачкыч
clé

газета
journal

картина
peinture

плакат
affiche

радио
radio

блокнот
bloc-notes

тузан суыргыч
aspirateur

кактус
cactus

шәм
chandelle

кунак бүлмәсе - salle de séjour

аш бүлмәсе
cuisine

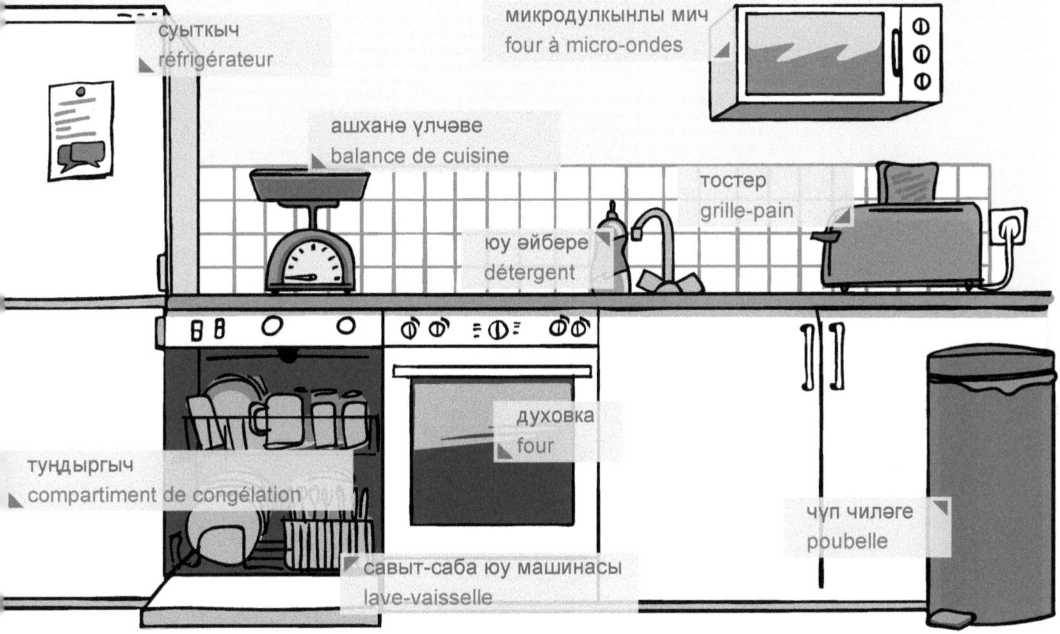

- суыткыч — réfrigérateur
- микродулкынлы мич — four à micro-ondes
- ашханә үлчәве — balance de cuisine
- юу әйбере — détergent
- тостер — grille-pain
- духовка — four
- туңдыргыч — compartiment de congélation
- савыт-саба юу машинасы — lave-vaisselle
- чүп чиләге — poubelle

плитә
cuisinière

кәстрүл
marmite

чуен казан
cocotte en fonte

вок / казан
wok / kadai

таба
poêle

чәйнек
bouilloire

парда пешергеч

cuiseur à vapeur

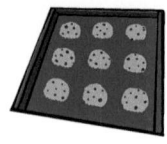

калай таба

plaque à pâtisserie

савыт-саба

vaisselle

кружка

grande tasse

җамаяк

bol

таякчык

baguettes

аш чүмече

louche

лопатка

spatule

туглауыч

fouet

иләк

passoire

иләк

tamis

кыргыч

râpe

төйгеч

mortier

гриль

barbecue

учак

foyer

аш бүлмәсе - cuisine

такта
planche à découper

уклау
rouleau à pâtisserie

бөке суыргыч
tire-bouchon

калай банк
boîte à conserves

консерв ачу өчен пычак
ouvre-boîte

элэктергеч
mitaine de four

раковина
évier

щётка
brosse

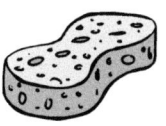

губка
éponge

миксер
mélangeur

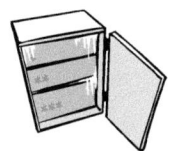

туңдыру камерасы
congélateur

ашату өчен шешә
biberon

кран
robinet

аш бүлмәсе - cuisine

ванна бүлмәсе
salle de bains

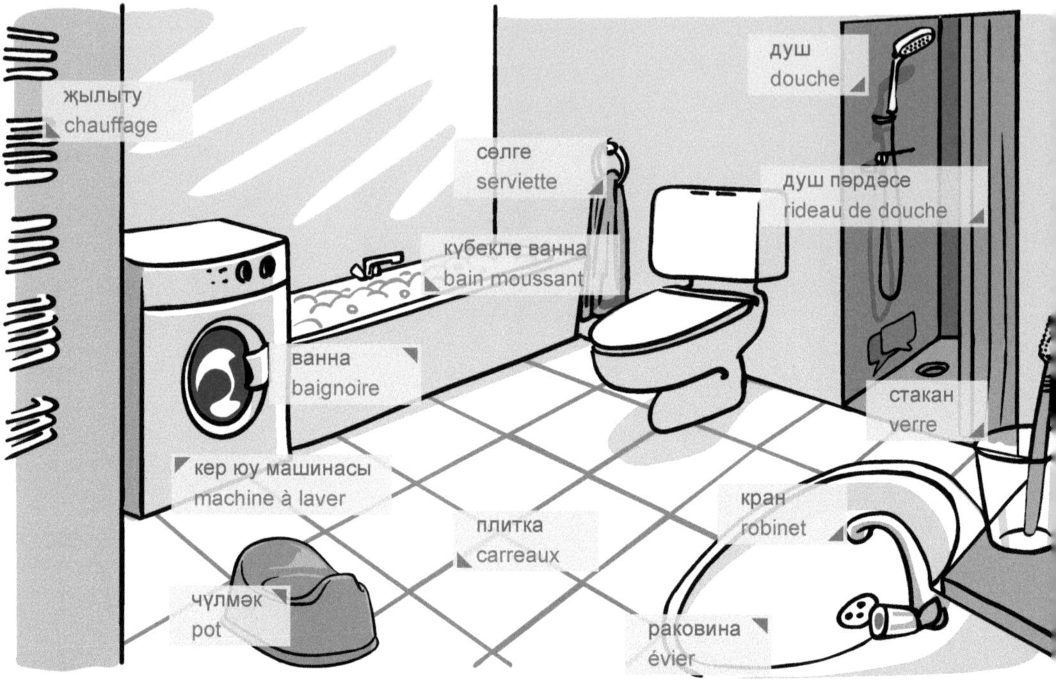

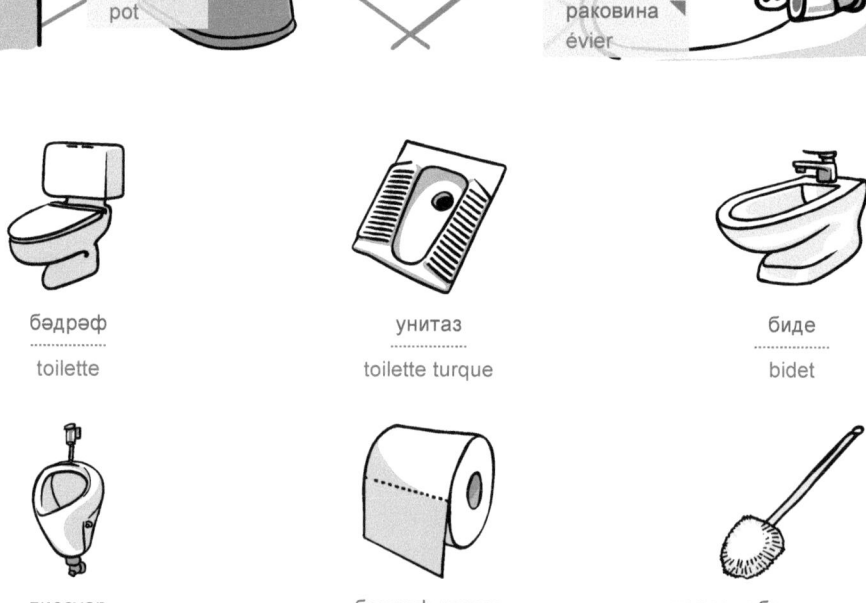

бәдрәф	унитаз	биде
toilette	toilette turque	bidet
писсуар	бәдрәф кәгазе	керпе кебек чистарткыч
urinoir	papier hygiénique	brosse à toilette

теш щеткасы
brosse à dents

теш пастасы
dentifrice

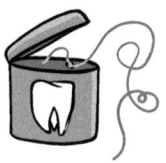
теш җебе
soie dentaire

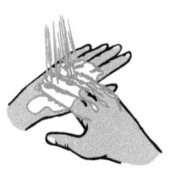
юу
laver

кул душы
douchette

душ
douche vaginale

оча сөяге
cuvette

аврка өчен щетка
brosse pour le dos

сабын
savon

душ өчен гель
gel douche

шампунь
shampoing

мунчала
débarbouillette

агым
drain

крем
crème

дезодорант
déodorant

ванна бүлмәсе - salle de bains

көзге

miroir

кул көзгесе

miroir à main

пәке

rasoir

кырыну өчен күбек

mousse à raser

Кырынаганнан соң кулланыла торган лосьон

après-rasage

тарак

peigne

щётка

brosse

фен

sèche-cheveux

чәчләр лагы

laque

косметика

maquillage

ирен буявы

rouge à lèvres

тырнаклар лагы

vernis à ongles

мамык

ouate

маникюр кайчысы

ciseaux à ongles

хушбуй

parfum

ванна бүлмәсе - salle de bains

косметика савыты

trousse de toilette

урындык

tabouret

үлчәү

pèse-personne

халат

peignoir

резин перчаткалар

gants de caoutchouc

тампон

tampon

гигиена җәймәсе

serviette hygiénique

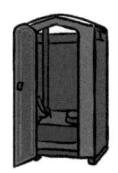

биотуалет

toilette chimique

ванна бүлмәсе - salle de bains

балалар бүлмәсе
chambre d'enfant

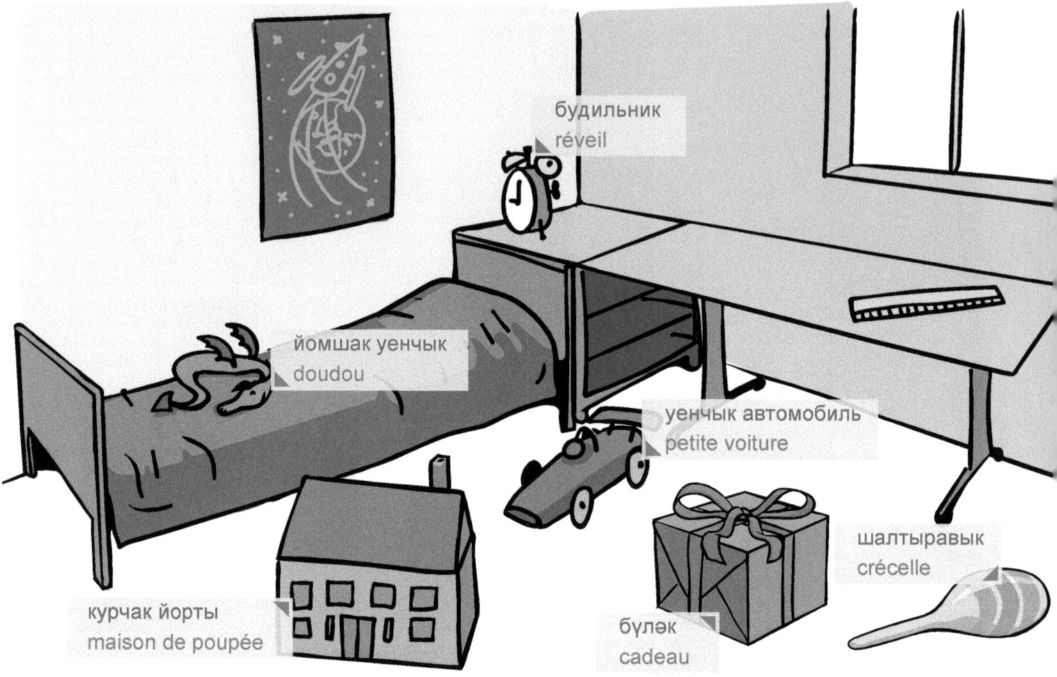

будильник
réveil
йомшак уенчык
doudou
уенчык автомобиль
petite voiture
шалтыравык
crécelle
курчак йорты
maison de poupée
бүләк
cadeau

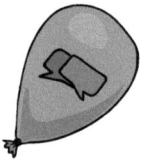

һава шары

ballon

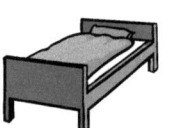

караваt

lit

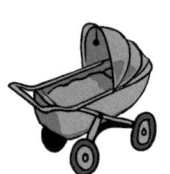

балалар коляскасы

landau

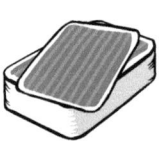

кәрт уены

jeu de cartes

пазл

casse-tête

SUPER
MEGA

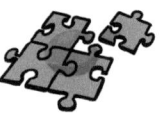

комикс

bande dessinée

Лего кирпечекләре
blocs LEGO

шакмак
jeu de briques

уенчык
figurine articulée

ползунки
dormeuse

фрисби
disque volant

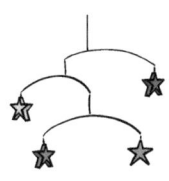

мобиль
mobile

өстәл уены
jeu de société

шакмак
dé

тимер юл моделе
ensemble de modèles de train

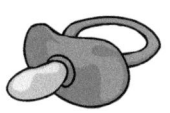

имезлек
mannequin

кичә
fête

рәсемнәр белән бизәлгән китап
livre d'images

туп
balle

курчак
poupée

уйнау
jouer

балалар бүлмәсе - chambre d'enfant

43

комлык
bac à sable

таган
balançoire

уенчык
jouets

уен приставкасы
console de jeu vidéo

өч көпчәкле велосипед
tricycle

плюш аю
ours en peluche

кием-салым шкафы
garde-robe

кием
vêtements

оекбаш
chaussettes

оек
bas

колготки
collant

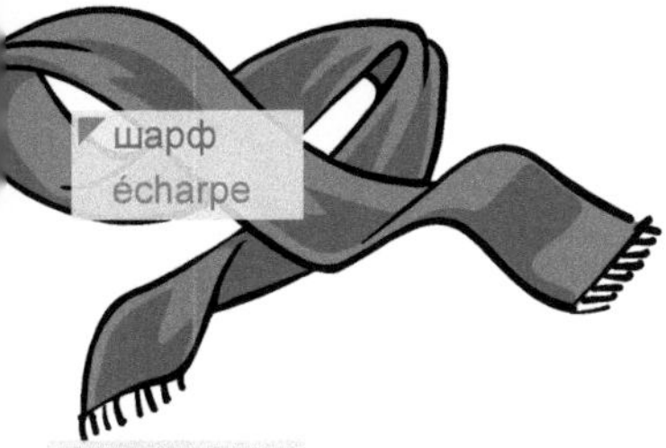

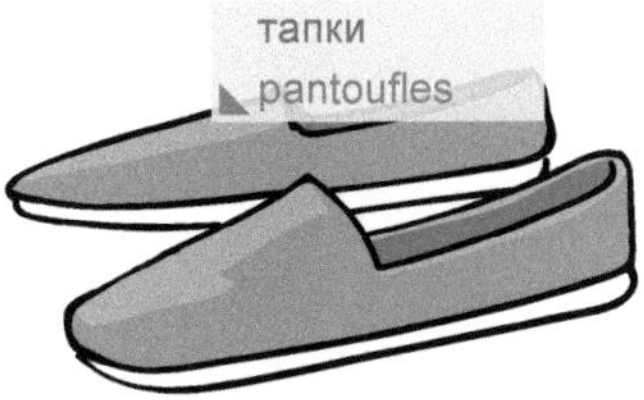

шарф / écharpe

зонт / parapluie

футболка / T-shirt

каеш / ceinture

итек / bottes

тапки / pantoufles

кроссовки / chaussures de sport

сандаллар
sandales

ботинкалар
souliers

резин итекләр
bottes de caoutchouc

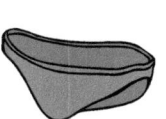

трусик
sous-vêtements

бюстгальтер
soutien-gorge

майка
gilet

кием - vêtements

боди
body

чалбар
pantalon

джинсы
jean

итәк
jupe

блузка
chemisier

күлмәк
chemise

свитер
chandail

свитер
chandail à capuche

спорт курткасы
blazer

жакет
veste

пәлтә
manteau

плащ
manteau de pluie

костюм
complet

күлмәк
robe

туй күлмәге
robe de mariée

ирләр костюмы

tailleur

төнге эчке күлмәк

chemise de nuit

пижама

pyjama

сари

sari

яулык

foulard

чалма

turban

пәрәнҗә

burqa

кафтан

cafetan

абайя

abaya

коену костюмы

maillot de bain

плавки

maillot short

шорт

culotte courte

спорт костюмы

survêtement

алъяпкыч

tablier

перчаткалар

mitaines

кием - vêtements

төймә
bouton

күзлек
lunettes

беләзек
bracelet

чылбыр
collier

балдак
bague

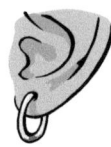

алка
boucle d'oreille

бүрек
tuque

элгеч
cintre

эшләпә
chapeau

галстук
cravate

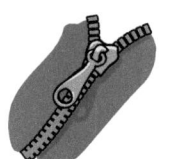

молния каптырмасы
fermeture à glissière

каска
casque

подтяжка
bretelles

мәктәп формасы
uniforme scolaire

форма
uniforme

кием - vêtements

балалар күкрәкчәсе
bavoir

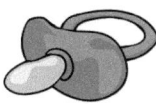
имезлек
mannequin

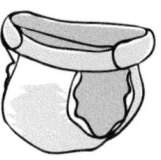
подгузник
couche

офис
bureau

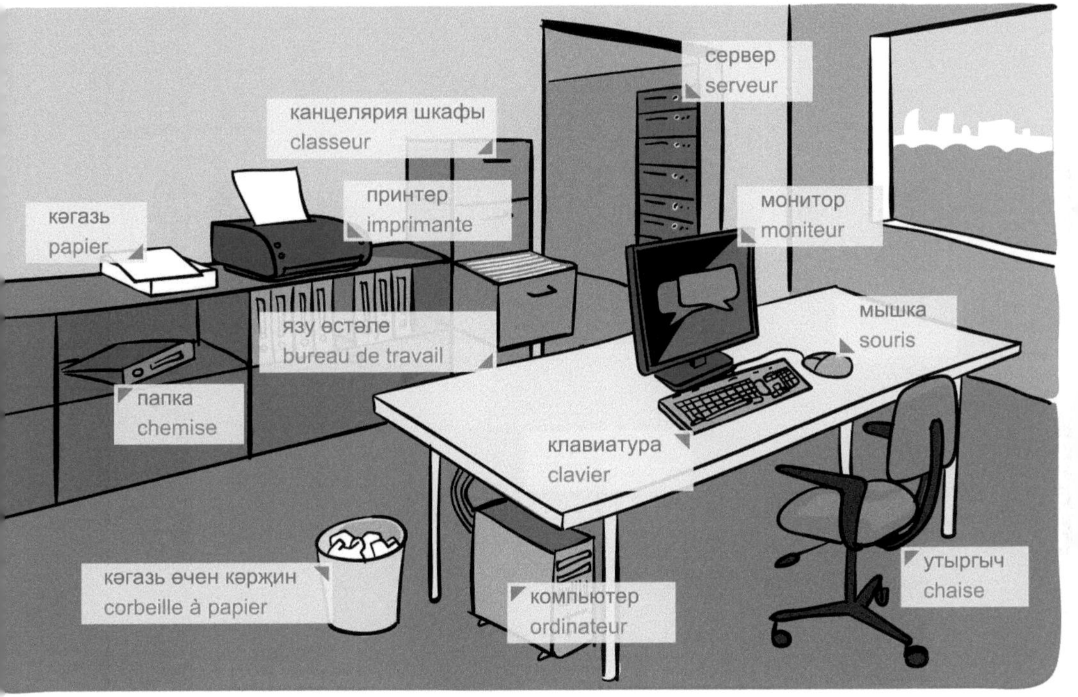

- сервер / serveur
- канцелярия шкафы / classeur
- принтер / imprimante
- монитор / moniteur
- кәгазь / papier
- язу өстәле / bureau de travail
- мышка / souris
- папка / chemise
- клавиатура / clavier
- кәгазь өчен кәрҗин / corbeille à papier
- компьютер / ordinateur
- утыргыч / chaise

кофе кружкасы
grande tasse à café

калькулятор
calculatrice

интернет
Internet

ноутбук

ordinateur portable

хат

lettre

хәбәр

message

кесә телефоны

téléphone cellulaire

челтәр

réseau

ксерокс

photocopieur

программа

logiciel

телефон

téléphone

розетка

prise de courant

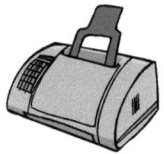

факс

télécopieur

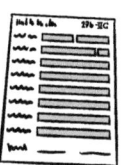

формуляр

formulaire

документ

document

офис - bureau

икътисад
économie

сатып алу
acheter

түләү
payer

сәүдә
commercer

акча
argent

доллар
dollar

евро
euro

иена
yen

сум
rouble

франк
franc suisse

жэньминьби юань
renminbi yuan

рупия
roupie

банкомат
distributeur de billets

валюта алмаштыру пункты bureau de change	алтын or	көмеш argent

җир мае pétrole	энергия énergie	бәя prix
		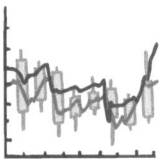
килешү contrat	салым taxe	акция actions

эш travailler	эшче employé	эш бирүче employeur

фабрика usine	кибет magasin	

икътисад - économie

профессияләр
professions

полицейский — agent de police
янгын сүндерүче — pompier
очучы — pilote
пешекче — cuisinier
табиб — docteur

бакчачы
jardinier

агач остасы
charpentier

тегүче
couturier

хаким
juge

химик
pharmacien

актер
acteur

автобус йөртүче
chauffeur d'autobus

таксист
chauffeur de taxi

балыкчы
pêcheur

җыештыручы хатын
femme de ménage

түбә ябучы
couvreur

официант
serveur

аучы
chasseur

рәссам
peintre

пешекче
boulanger

электрик
électricien

төзүче
constructeur de bâtiments

инженер
ingénieur

итче
boucher

сантехник
plombier

хат ташучы
facteur

профессияләр - professions

солдат
soldat

архитектор
architecte

кассир
caissier

чәчәкче
fleuriste

парикмахер
coiffeur

кондуктор
chef de train

механик
mécanicien

капитан
capitaine

теш табибы
dentiste

галим
scientifique

раввин
rabbin

имам
imam

монах
moine

рухани
ecclésiastique

профессияләр - professions

кораллар
outils

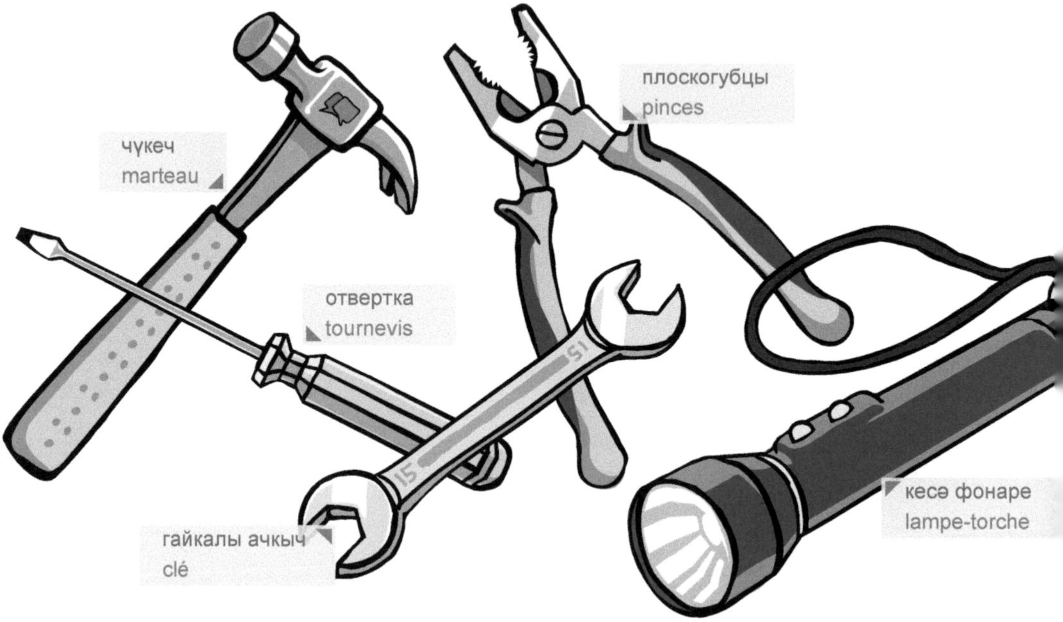

чүкеч
marteau

плоскогубцы
pinces

отвертка
tournevis

кесә фонаре
lampe-torche

гайкалы ачкыч
clé

экскаватор
excavatrice

инструментлар өчен тартма
boîte à outils

баскыч
échelle

пычкы
scie

кадаклар
clous

дрель
perceuse

төзәтү
réparer

көрәк
pelle

Шайтан алгыры!
tabarnouche

соскы
pelle à poussière

савытлы буяу
pot de peinture

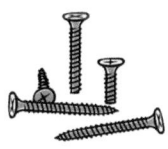

винтлар
vis

музыкаль инструментлар
instruments de musique

удар инструмент
batterie

тавыш көчәйткеч
haut-parleur

гитара
guitare

контрабас
contrebasse

торба
trompette

музыкаль инструментлар - instruments de musique

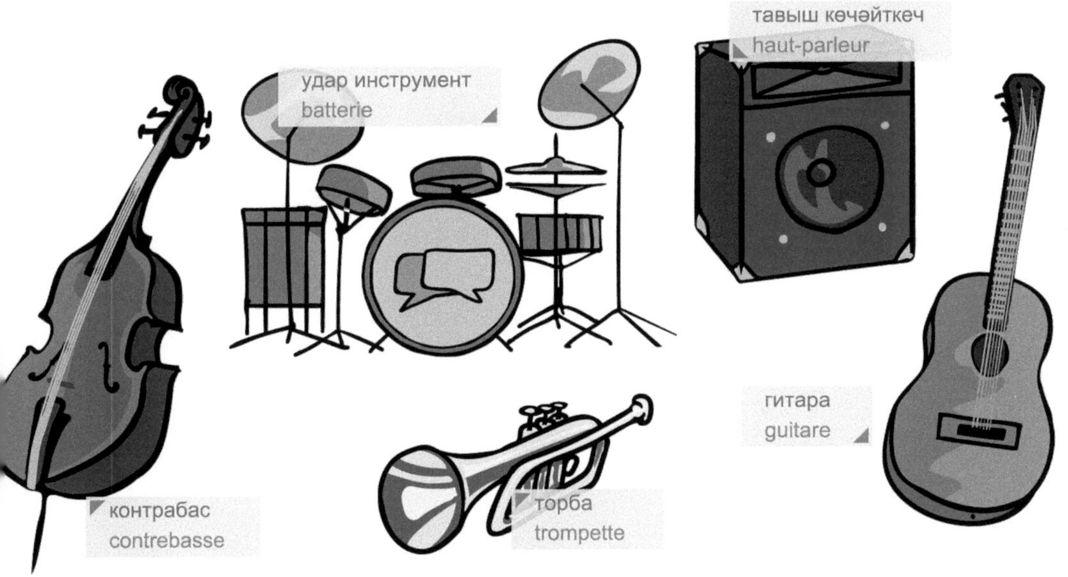

пианино	скрипка	бас-гитара
piano	violon	basse

литавра	барабан	синтезатор
timbales	tambour	synthétiseur

саксофон	флейта	микрофон
saxophone	flûte	microphone

музыкаль инструментлар - instruments de musique

зоопарк
zoo

- юлбарыс / tigre
- күзәнәк / cage
- зебра / zèbre
- азык / nourriture pour animaux
- керү / entrée
- панда / panda

хайваннар
animaux

фил
éléphant

кәнгерә
kangourou

мөгезборын
rhinocéros

горилла
gorille

аю
ours

дөя

chameau

тәвә кошы

autruche

арыслан

lion

маймыл

singe

фламинго

flamand rose

тутый кош

perroquet

ак аю

ours polaire

пингвин

pingouin

акула

requin

тавис

paon

елан

serpent

крокодил

crocodile

зоопарк хезмәткәре

gardien de zoo

тюлень

phoque

ягуар

jaguar

зоопарк - zoo

пони
poney

каплан
léopard

су үгезе
hippopotame

жираф
girafe

бөркет
aigle

кабан дуңгызы
sanglier

балык
poisson

ташбака
tortue

морж
morse

төлке
renard

газәл
gazelle

зоопарк - zoo

61

спорт төрләре
sports

хәрәкәт
activités

сикерү — sauter
кочаклау — serrer dans les bras
көлү — rire
бару — marcher
җырлау — chanter
хыяллану — rêver
гыйбадәт кылу — prier
үбү — embrasser

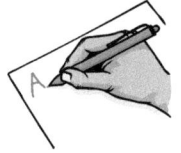

язу
écrire

рәсем ясау
dessiner

күрсәтү
montrer

басу
pousser

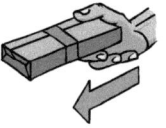

бирү
donner

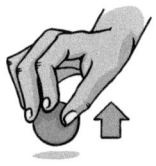

алу
prendre

үзеңдә булдыру
avoir

эшләү
faire

булу
être

басып тору
être debout

йөгерү
courir

тарту
tirer

ташлау
jeter

егылу
tomber

яту
s'allonger

көтү
attendre

йөртү
porter

утыру
s'asseoir

кию
s'habiller

йоклау
dormir

уяну
se réveiller

хәрәкәт - activités

карау
regarder

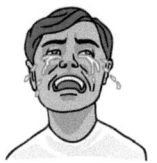
елау
pleurer

үтекләү
caresser

тарау
peigner

әйтү
parler

аңлау
comprendre

сорау
demander

тыңлау
écouter

эчү
boire

ашау
manger

тәртипкә китерү
ranger

сөю
aimer

әзерләү
cuisiner

машинада бару
conduire

очу
voler

хәрәкәт - activités

Җилкәндә йөрү
faire de la voile

исәпләү
calculer

уку
lire

уку
apprendre

эш
travailler

никахлашу
se marier

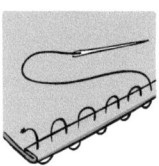
тегү
coudre

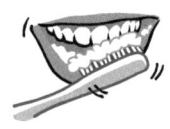
тешләрне чистарту
brosser les dents

үтерү
tuer

тәмәке тарту
fumer

җибәрү
envoyer

хәрәкәт - activités

гаилә
famille

әби / grand-mère
бабай / grand-père
әти / père
әни / mère
сабый / bébé
кыз / fille
ул / fils

кунак

invité

түти

tante

абый

oncle

кардәш

frère

апа

sœur

тән
corps

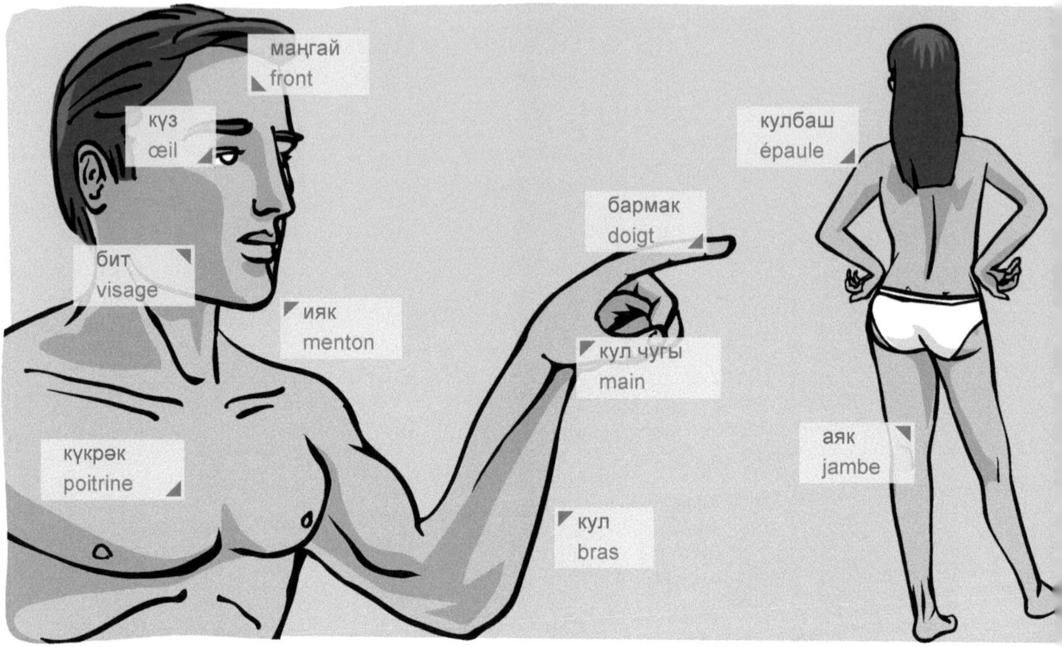

- маңгай / front
- күз / œil
- бит / visage
- иак / menton
- күкрәк / poitrine
- бармак / doigt
- кул чугы / main
- кул / bras
- кулбаш / épaule
- аяк / jambe

сабый
bébé

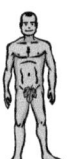

ир
homme

хатын
femme

кыз
fille

малай
garçon

баш
tête

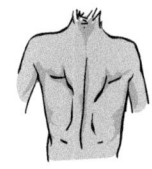
арка
dos

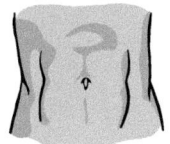
эч
ventre

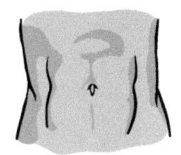
кендек
nombril

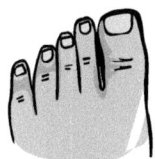
аяк бармагы
orteil

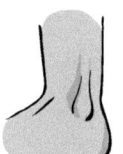
үкчә
talon

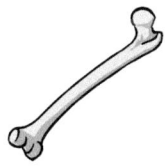
сөяк
os

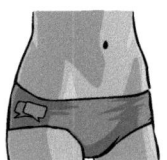
бот
hanche

тез
genou

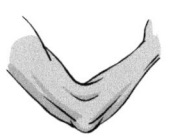
терсәк
coude

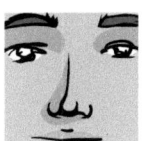
борын
nez

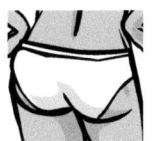
арт сан
derrière

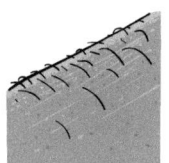
тире
peau

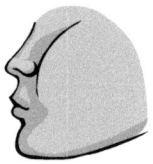
яңак
joue

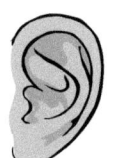
колак
oreille

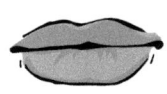
ирен
lèvre

тән - corps

авыз
bouche

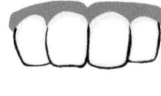
теш
dent

тел
langue

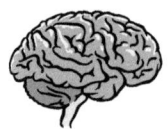
ми
cerveau

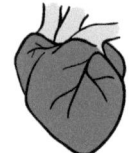
йөрәк
cœur

мускул
muscle

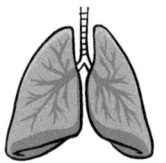
үпкәләр
poumon

бавыр
foie

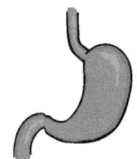
ашказан
estomac

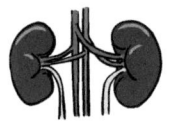
бөерләр
reins

җенси акт
rapport sexuel

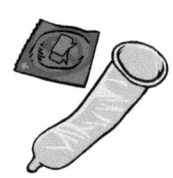
презерватив
condom

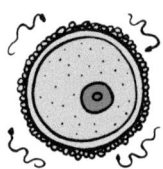
күкәйлек
ovule

сперма
sperme

көмәнлек
grossesse

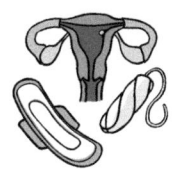
күрем
menstruation

вагина
vagin

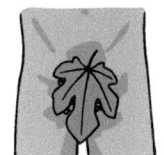
пенис
pénis

каш
sourcil

чәчләр
cheveux

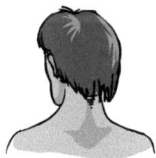
муен
cou

тән - corps

хастаханә
hôpital

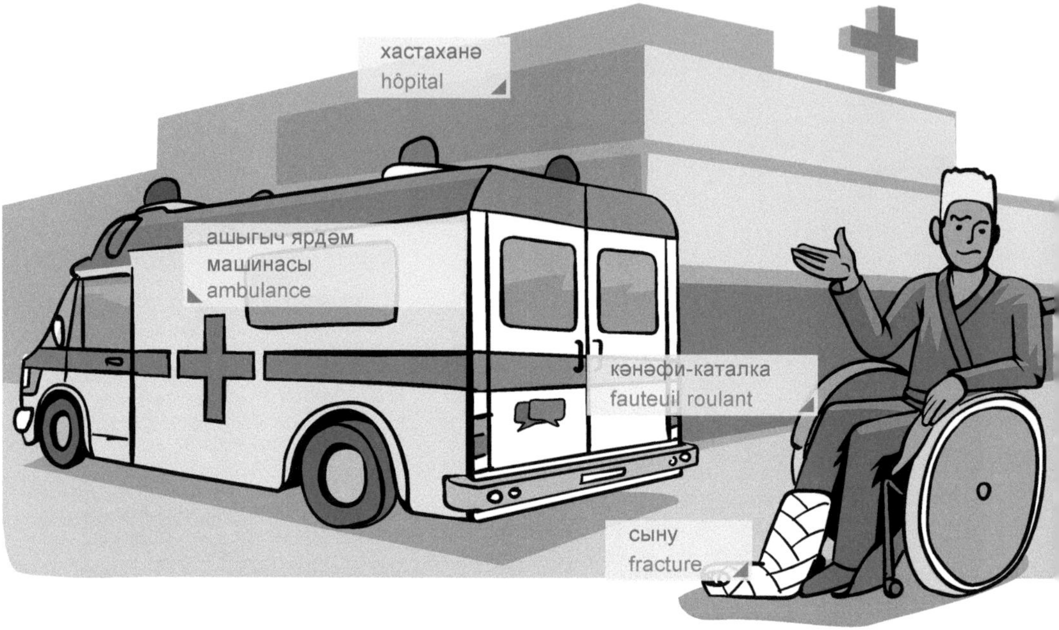

хастаханә
hôpital

ашыгыч ярдәм машинасы
ambulance

кәнәфи-каталка
fauteuil roulant

сыну
fracture

табиб

docteur

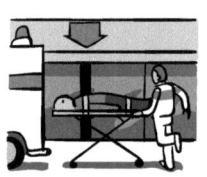

беренче ярдәм пункты

salle des urgences

шәфкать туташы

infirmier

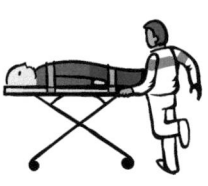

кичектергесез хәл

urgence

аңсыз

inconscient

авырту

douleur

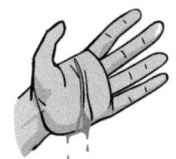

зыян килү
blessure

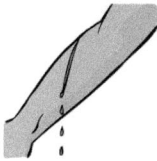

кан агу
saignement

инфаркт
crise cardiaque

инсульт
AVC

аллергия
allergie

ютәл
toux

югары температура
fièvre

грипп
grippe

эч киту
diarrhée

баш авырту
mal de tête

кысла
cancer

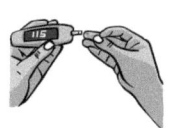

диабет
diabète

хирург
chirurgien

скальпель
scalpel

операция
opération

хастаханә - hôpital

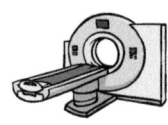

КТ

tomodensitométrie

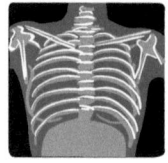

рентген

radiographie

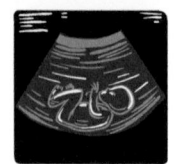

ультратавыш

ultrason

битлек

masque

авыру

maladie

кабул итү бүлмәсе

salle d'attente

култык таягы

béquille

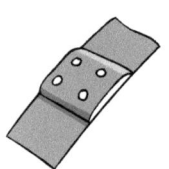

пластырь

sparadrap

бинт

bandage

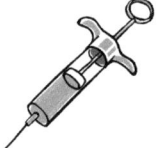

укол кадау

injection

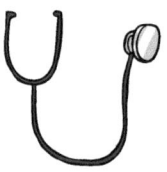

стетоскоп

stéthoscope

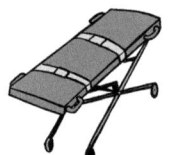

носилки

brancard

термометр

thermomètre médical

туу

accouchement

артык авырлык

excès de poids

хастаханә - hôpital

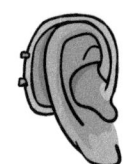

колак аппараты
appareil auditif

йогышсызландыру чарасы
désinfectant

инфекция
infection

вирус
virus

ВИЧ / СПИД
VIH / Sida

дару
médicament

прививка
vaccination

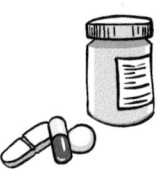

таблеткалар
comprimés

балага узмас өчен таблетка
pilule

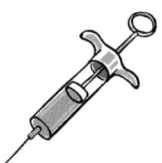

ашыгыч чакыру
appel d'urgence

кан басымын үлчәү өчен прибор
tensiomètre

авыру / сәламәт
malade / en bonne santé

хастаханә - hôpital

кичектергесез хәл
urgence

Ярдәм итегез!
Au secours !

тревога сигналы
alarme

һөҗүм иту
assaut

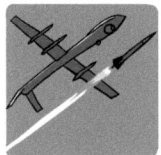
һөҗүм
attaque

куркыныч
danger

запас чыгу урыны
sortie de secours

ут сүндергеч
extincteur

каза
accident

Янгын!
Au feu !

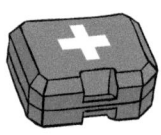
дарухане
trousse de premiers soins

SOS
SOS

полиция
police

җир
Terre

Европа
Europe

Төньяк Америка
Amérique du Nord

Көньяк Америка
Amérique du Sud

Африка
Afrique

Азия
Asie

Австралия
Australie

Атлантик океан
océan Atlantique

Тын океан
océan Pacifique

Һинд океаны
océan Indien

Антарктик океан
océan Antarctique

Төньяк Боз океаны
océan Arctique

Төньяк полюс
Pôle Nord

Көньяк полюс
Pôle Sud

Антарктика
Antarctique

җир
Terre

коры җир
terre

диңгез
mer

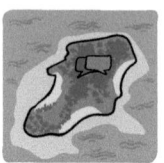

утрау
île

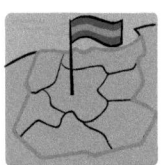

милләт
nation

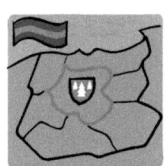

дәүләт
État

сәгать
heure

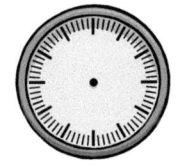

сәгать циферблаты

cadran

сәгать угы

aiguille des heures

минут угы

aiguille des minutes

секунд угы

aiguille des secondes

Әле сәгать ничә?

Quelle heure est-il ?

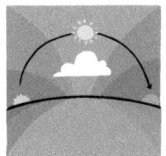

көн

jour

вакыт

temps

хәзер

maintenant

электрон сәгать

montre à affichage numérique

минут

minute

сәгать

heure

атна
semaine

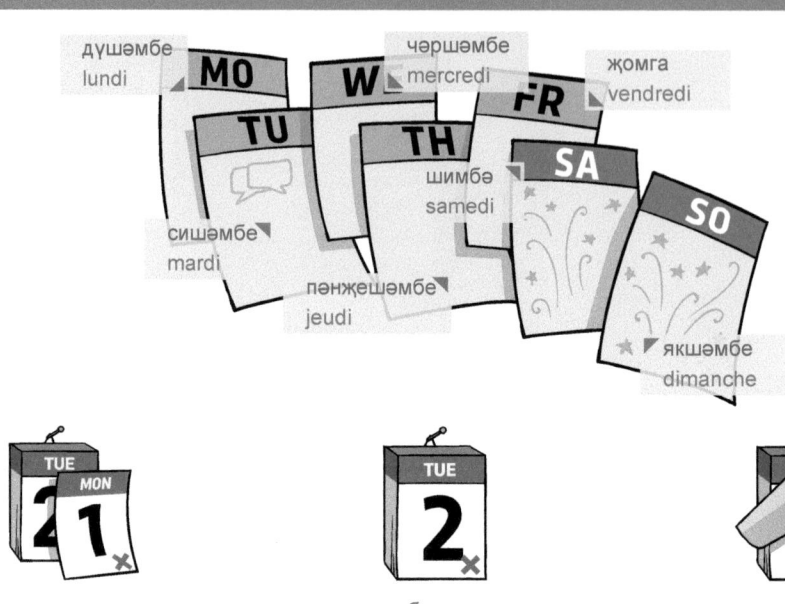

дүшәмбе / lundi
чәршәмбе / mercredi
җомга / vendredi
сишәмбе / mardi
пәнҗешәмбе / jeudi
шимбә / samedi
якшәмбе / dimanche

кичә
hier

бүген
aujourd'hui

иртәгә
demain

иртә
matin

төш
midi

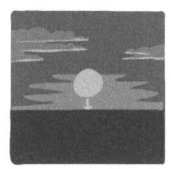

кич
soir

эш көннәре
jours ouvrables

ял көннәре
fin de semaine

ел

année

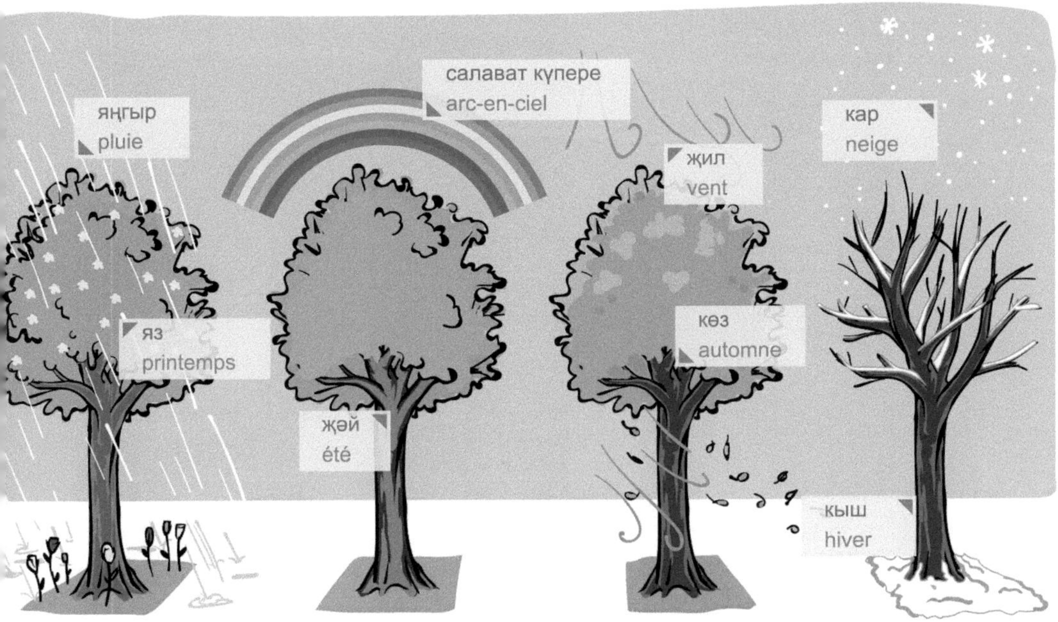

яңгыр
pluie
салават күпере
arc-en-ciel
кар
neige
җил
vent
яз
printemps
көз
automne
җәй
été
кыш
hiver

4.APRIL 11°
5.APRIL 4°
6.APRIL 13°
7.APRIL 8°
8.APRIL 10°

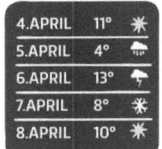

һава торышы

révisions météorologiques

F
C
120
90
60
30
0
-30
40
30
20
10
0
-10
-20

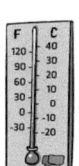

термометр

thermomètre

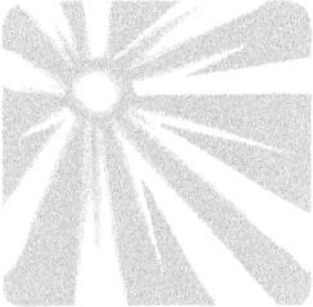

кояш яктысы

rayons du soleil

болыт

nuage

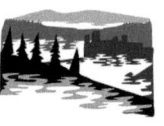

томан

brouillard

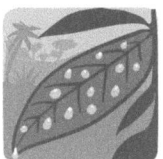

дымлылык

humidité

яшен
foudre

күк күкрәү
tonnerre

давыл
tempête

боз
grêle

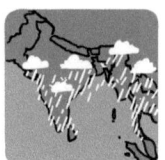

муссон
mousson

су басу
inondation

боз
glace

гыйнвар
janvier

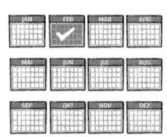

февраль
février

март
mars

апрель
avril

май
mai

июнь
juin

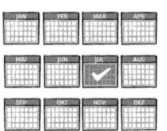

июль
juillet

август
août

ел - année

сентябрь
septembre

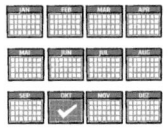
октябрь
octobre

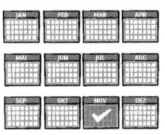
ноябрь
novembre

декабрь
décembre

формалар
formes

божра
cercle

квадрат
carré

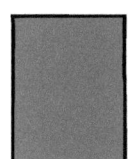
турыпочмак
rectangle

өчпочмак
triangle

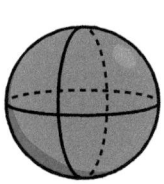
шар
sphère

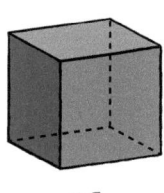
куб
cube

төсләр
couleurs

 ак — blanc

 сары — jaune

 кызгылт сары — orange

 ал — rose

 кызыл — rouge

 шәмәхә — violet

 зәңгәр — bleu

 яшел — vert

 көрән — marron

 соры — gris

 кара — noir

капма-каршылыклар
opposés

күп / аз

beaucoup / un peu

усал / тыныч

en colère / calme

матур / ямьсез

beau / laid

башы / ахыры

début / fin

зур / кечкенә

grand / petit

якты / караңгы

lumineux / sombre

абый / эне

frère / sœur

чиста / пычрак

propre / sale

тулы / тулы түгел

complet / incomplet

көн / төн

jour / nuit

үле / тере

mort / vivant

киң / тар

large / étroit

ашарга яраклы / ашарга яраксыз

comestible / non comestible

явыз / яхшы

méchant / gentil

дулкынланган / сагынган

être enthousiaste / s'ennuyer

юан / ябык

gros / mince

башта / азакта

premier / dernier

дус / дошман

ami / ennemi

тулы / буш

plein / vide

каты / йомшак

dur / mou

авыр / җиңел

lourd / léger

ачлык / сусау

faim / soif

авыру / сәламәт

malade / en bonne santé

хокуксыз / хокуклы

illégal / légal

акыллы / акылсыз

intelligent / stupide

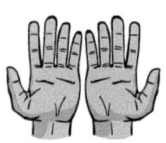

сулдан / уңнан

gauche / droite

якын / ерак

proche / loin

капма-каршылыклар - opposés

яңа / тотылган

neuf / usagé

бер нәрсә дә / нәрсәдер

rien / quelque chose

өлкән / яшь

vieux / jeune

тоташтырылган / сүндерелгән

marche / arrêt

ачык / ябык

ouvert / fermé

әкрен / кычкырып

calme / bruyant

бай / ярлы

riche / pauvre

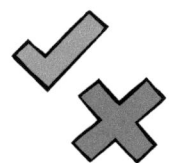

дөрес / дөрес түгел

correct / incorrect

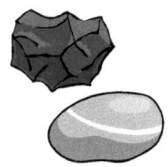

кытыршы / шома

rugueux / lisse

моңсу / бәхетле

triste / heureux

кыска / озын

court / long

җай / тиз

lent / rapide

дымлы / коры

mouillé / sec

җылы / салкын

chaud / froid

сугыш / тынычлык

guerre / paix

капма-каршылыклар - opposés

саннар
nombres

0 ноль — zéro

1 бер — un

2 ике — deux

3 өч — trois

4 дүрт — quatre

5 биш — cinq

6 алты — six

7 җиде — sept

8 сигез — huit

9 тугыз — neuf

10 ун — dix

11 унбер — onze

12
унике
douze

13
унөч
treize

14
ундүрт
quatorze

15
унбиш
quinze

16
уналты
seize

17
унҗиде
dix-sept

18
унсигез
dix-huit

19
унтугыз
dix-neuf

20
егерме
vingt

100
йөз
cent

1.000
мең
mille

1.000.000
миллион
million

телләр
langues

инглизчә

anglais

американча инглиз

anglais américain

мандаринча Кытай

chinois mandarin

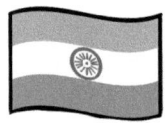

һинди

hindi

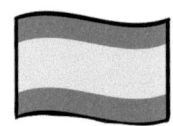

испан

espagnol

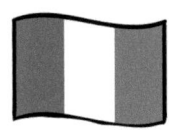

француз

français

гарәп

arabe

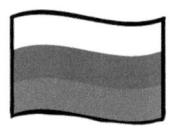

рус

russe

португал

portugais

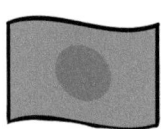

бенгал

bengali

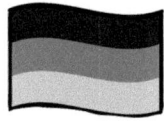

алман

allemand

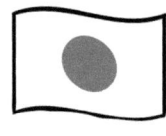

япон

japonais

кем / нәрсә / ничек
qui / quoi / comment

мин
je

син
tu

ул / ул / ул
il / elle / ce, c', cela

без
nous

сез
vous

алар
ils / elles

кем?
qui ?

нәрсә?
quoi ?

ничек?
comment ?

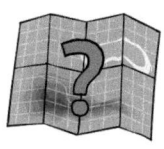
кайда?
où ?

кайчан?
quand ?

исем
nom

кайда
où

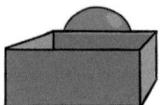

артта

derrière

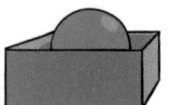

эчендә

dans

алда

devant

өстендә

au-dessus

өстенә

sur

астында

en dessous

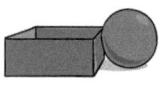

янәшә

à côté de

арасында

entre

урын

endroit